CORPS LÉGISLATIF.

CONSEIL DES CINQ-CENTS.

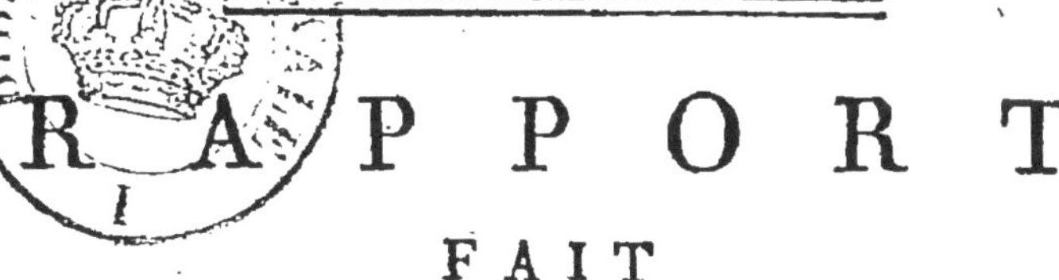

RAPPORT

FAIT

PAR BOULAY (de la Meurthe),

Au nom de la commission chargée de présenter ses vues sur les deux problêmes suivans :

1°. Quelles sont les mesures d'ostracisme, d'exil & d'expulsion les plus convenables aux principes de justice & de liberté, & les plus propres à consolider la République ?

2°. Y ayant entre le Corps législatif & le Directoire une opposition telle que la marche du gouvernement soit entravée & la chose publique compromise, quel est le moyen politique & régulier, le plus capable de prévenir cette crise, & de rétablir la marche constitutionnelle des pouvoirs.

Chargée aussi de présenter des mesures sur les ci-devant nobles & anoblis.

Séance du 25 Vendémiaire an 6.

A PARIS,
DE L'IMPRIMERIE NATIONALE.
Vendémiaire an 6.

RAPPORT

FAIT

PAR BOULAY (de la Meurthe),

Au nom d'une commission composée des citoyens JEAN DEBRY, LAMARQUE, HUOT, OUDOT, ENGERRAND, SIEYES & BOULAY (de la Meurthe),

Sur les ci-devant nobles & anoblis.

Status ille popularis multò pacatior est, atque minùs factionibus & turbis obnoxius, ubi non sunt stirpes nobilium : illic enim in res ipsas oculi hominum conjiciuntur, non in personas ; vel si omninò in personas, id fit tanquam in maximè idoneis rebus gerendis, minimè verò ut ratio habeatur insignium aut imaginum.

(EX BAC.)

CITOYENS REPRÉSENTANS,

Votre commission chargée d'abord de vous présenter ses vues sur la solution des deux problêmes politiques qui vous avoient été proposés, saisie ensuite de l'examen des divers projets qui vous avoient été présentés sur les ci-devant nobles, a cru devoir s'occuper avant tout de ce dernier objet, comme étant aussi grave & beaucoup plus urgent que les deux autres.

En y réfléchissant, & en l'envisageant sur-tout dans ses rapports avec notre situation politique, nous avons été frappés d'une première vérité : c'est qu'il existe une incompatibilité réelle entre la République & toute espèce de noblesse fondée sur des distinctions de naissance & de titres héréditaires.

Cette vérité nous a conduits à une seconde : c'est l'état de guerre qui, depuis l'origine de la révolution, doit exister & existe véritablement entre la ci-devant noblesse & la République, entre les ci-devant nobles & les républicains.

Ces deux vérités bien senties nous ont conduits naturellement à la découverte des mesures les plus propres à faire cesser cet état de guerre, ou du moins à garantir à jamais la République du péril imminent dont il continue à la menacer.

Pour adopter ces moyens, il vous suffira sans doute de vous pénétrer, ainsi que nous le sommes, des vérités importantes qui leur servent de fondement.

Or ces vérités nous ont été démontrées en raisonnant d'après la nature des choses, d'après la connoissance du cœur humain, d'après une série de faits connus & incontestables.

Voyons d'abord ce qu'étoit la noblesse, & d'où elle provenoit originairement.

On sait que la noblesse française, ainsi que celle des autres états de l'Europe, avoit eu sa première source dans une armée conquérante.

Une armée a un chef, une hiérarchie d'officiers : de là l'origine d'un seigneur suzerain, & d'une classe distinguée qui s'en rapproche plus ou moins.

Une conquête suppose un territoire envahi & un peuple vaincu.

Le territoire fut partagé entre les vainqueurs & distribué à chacun, selon son grade, sous la forme de *bénéfice*, à charge du service militaire.

Les habitans furent donnés avec la terre au bénéficier, comme des instrumens d'agriculture: de là l'esclavage de la personne dépendant de celui de la glèbe.

Les bénéfices, donnés d'abord à vie, devinrent héréditaires, ce qui amena par degré le gouvernement féodal, fondé sur le double servage des personnes & des choses, & consistant dans une hiérarchie de vasselages & de seigneuries.

Non-seulement les seigneurs se firent la guerre entre eux, mais les grands vassaux rivalisèrent avec le monarque lui-même, se prétendant indépendans & souverains comme lui dans leurs domaines respectifs.

Il est inutile de rappeler ici les efforts plus ou moins heureux qui eurent lieu, dans les différens âges de la monarchie pour affoiblir les prétentions des grands & les soumettre par degrés au pouvoir de la couronne.

Nous dirons seulement que cette lutte continuelle entre eux & le monarque fut ce qui contribua le plus à la diminution progressive de la servitude du peuple; le monarque le protégeant, l'affranchissant & faisant cause avec lui contre la noblesse également ennemie & de l'un & de l'autre.

Après une résistance de plusieurs siècles, les nobles, se voyant enfin forcés de renoncer à toute prétention d'indépendance & de souveraineté particulière, se soumirent à l'ascendant de la couronne, & bientôt s'attachèrent à l'envi à en augmenter la prérogative, en la présentant comme la source exclusive de tous les pouvoirs publics, & en qualifiant le monarque de souverain & de maître.

Mais quel étoit leur but en élevant si haut son pouvoir? C'étoit, ne pouvant plus régner par eux-mêmes, de régner sous son nom. Ils se firent les esclaves du roi pour mieux tenir le peuple dans l'esclavage ; ils consentirent de ramper bassement à la cour, pour avoir le droit de verser sur le peuple le mépris & l'opprobre.

Ainsi donc, par l'effet d'une convention dont le peuple fut le prix, le roi fut reconnu maître absolu, sa volonté, son plaisir faisant la loi suprême : les nobles eurent l'exercice de ce pouvoir ; la possession exclusive du crédit, des faveurs, de toutes les places supérieures leur étant assurée. La monarchie fut regardée comme le patrimoine de la famille régnante, & les divers emplois du gouvernement, toutes les charges importantes du clergé, de la robe & de l'état militaire, comme le patrimoine commun de la noblesse. Le fondement de ce droit étoit pour l'une & l'autre la naissance & les titres héréditaires. Le monarque ne devoit compte qu'à Dieu, & les nobles qu'au monarque.

Tel étoit l'ancien régime, par où l'on voit clairement que la nation étoit la propriété, *la chose particulière* de la famille régnante & de la noblesse.

Ce régime politique avoit pour appui un régime moral parfaitement analogue, & consistant dans les préjugés, les superstitions & les habitudes les plus propres à tenir le peuple dans l'ignorance, la dégradation & l'esclavage.

Cependant, malgré cette conspiration, le temps & des circonstances heureuses ayant affoibli par degré la servitude réelle & personnelle, le travail & l'industrie adoucirent un peu la condition du peuple ; les arts & les sciences dissipèrent insensiblement les ténèbres de l'ignorance. Leur ascendant s'étendit jusques sur les oppresseurs qui les favorisèrent même quelquefois sans se douter qu'ils préparoient en cela la chûte de leur tyrannie. La raison, la philosophie vinrent ensuite, qui, bien que persécutées constamment, ébranlèrent pas à pas l'empire des prejugés & des superstions.

Le concours de ces causes & de plusieurs autres, occasionnées principalement par les vices & les excès d'une noblesse & d'une cour corrompues, donna lieu en 1789 à une Assemblée d'états-généraux, où le peuple, sous le nom de *Tiers-état*, eut ses députés.

Ceux-ci, considérant que c'étoit dans le tiers-état que résidoit essentillement la nation; que, par le déploiement de tous les genres de travail & d'industrie, par le progrès des lumières & le développement des vertus, le peuple étoit parvenu à un tel degré de force physique & morale, que, sous aucun rapport, la caste des nobles ne pouvoit plus lui être comparée, sentirent qu'il étoit temps de le tirer de l'asservissement où le tenoit cette caste depuis des siècles.

Prenant donc tout-à-coup un vol sublime, & se plaçant à la hauteur des principes les plus élevés & les plus vrais, ils ne virent plus en eux que les députés de la nation, & se constituèrent *Assemblée nationale* représentative, & bientôt après Assemblée constituante.

C'étoit proclamer la souveraineté du peuple; c'étoit dire que la loi est l'expression de la volonté générale; que tous les citoyens sont égaux devant elle; qu'ils doivent être admis à toutes les places sans autre distinction que celle des talens & des vertus; qu'ils doivent être soumis aux mêmes charges en proportion de leurs facultés, & aux mêmes peines quand ils auroient commis les mêmes délits: c'étoit établir la liberté & l'égalité des droits, c'étoit proscrire toutes les distinctions de naissance & de titres héréditaires, c'étoit anéantir la noblesse.

C'étoit par conséquent renverser l'ancien régime, qui consistoit essentiellement dans le droit ou la *chose particulière* d'une caste privilégiée, c'étoit y substituer le droit *ou la chose de tous*, enfin c'étoit fonder la *République*.

Peut-être s'étonnera-t-on de nous voir attribuer à l'Assemblée constituante la fondation de la République: mais ce seroit faute d'avoir réfléchi sur la nature des choses & les premiers élémens de l'économie sociale. Pour peu qu'on en ait connoissance, il suffit de parcourir seulement les premières pages de la Constitution de 1791, pour y appercevoir les bases fondamentales de la République.

A la vérité, l'Assemblée constituante laissa subsister la monarchie & la famille régnante; & en cela il faut peut-être convenir qu'elle fut obligée de respecter le préjugé national, & qu'en voulant le fouler aux pieds, elle auroit pu manquer son but. Mais en respectant le nom de royauté, il est certain qu'elle en dénatura la chose en proclamant Louis XVI roi des Français, chef-délégué du Pouvoir exécutif, premier fonctionnaire public, & enfin représentant de la nation. En républicanisant ainsi le Pouvoir exécutif, la plus grande faute de cette Assemblée fut de le confier à un homme & à une famille, qui, se voyant dépouillés par la Constitution existante, non-seulement ne pouvoient pas l'aimer, mais devoient chercher à la détruire.

La Cour, composée principalement de nobles, devint le principal foyer de la contre-révolution.

De leur côté, les républicains, bien convaincus que cette cour anéantiroit la liberté, si elle n'étoit anéantie par elle, & que la royauté, quoique constitutionnalisée, n'étoit dans la Constitution qu'un alliage monstrueux & funeste; les républicains, dis-je, se hâtèrent d'attaquer le trône, & bientôt il fut renversé.

L'Assemblée législative, se plaçant sur ses débris, proclama *la liberté & l'égalité*, bases essentielles de la République. Enfin la Convention nationale abolit la royauté & proclama la République. Chose étrange! depuis l'Assemblée constituante, nous n'avions plus que le fantôme de l'ancienne monarchie; la République existoit déja; la France entière l'avoit adoptée & chérie, & cependant le mot de république effrayoit la plupart des esprits. On aimoit la chose publique; on étoit républicain sans s'en douter, & on craignoit d'en porter le titre; & l'Assemblée législative elle-même, quelques jours avant le 10 août, avoit voué ce titre à une sorte d'exécration. O bizarrerie de l'esprit humain! ô ignorance des choses! ô puissance trop souvent aveugle & funeste des mots! C'est ainsi que l'univers est conduit, c'est ainsi que le peuple romain perdit sa liberté, c'est ainsi que les Français & les patriotes eux-mêmes se sont presque toujours divisés, tourmentés, déchirés, & tout cela, faute de s'entendre.

Pourquoi le nom, le nom seul de république nous faisoit-il tant de peur ? C'est que l'intérêt des rois & des nobles y avoit attaché des idées fausses, & en avoit fait un fantôme effrayant. La Convention nationale montra donc un très-grand courage en proclamant la République : elle en a montré davantage encore en l'arrachant aux factions, aux horreurs, à tous les genres de brigandages, suscités par le fanatisme royal & nobiliaire pour la couvrir d'opprobre & l'ensevelir sous ses ruines. La constitution de l'an 3 couronna les longs & pénibles efforts de la Convention nationale; mais cette constitution, également assise sur des fondemens républicains, loin d'arrêter les ennemis de la République, n'a fait qu'augmenter leur rage. Ils ont continué leur plan de destruction; ils l'ont fortifié par de nouvelles combinaisons plus adroites & plus perfides; enfin ils l'avoient poussé si loin que, sans le 18 fructidor, la République, ruinée, ébranlée de toutes parts, alloit s'écrouler & s'anéantir.

A la vue d'un tel danger, qui n'a pu être détourné que par une mesure extraordinaire, mais qui peut, mais qui doit même se reproduire encore naturellement, si on ne le prévient, il est temps enfin de remonter à la source du mal, d'en sonder la profondeur, & d'y apporter les remèdes nécessaires.

Voilà, citoyens représentans, ce que nous avons à faire, si nous voulons sauver la République & les républicains.

Recueillons donc nos idées, & cherchons quel est le plan de conservation le plus sûr & le plus convenable.

Sans doute, la République a des ennemis de plus d'une espèce & au dedans & au-dehors. Elle a contre elle beaucoup de préjugés, beaucoup de passions particulières; mais ce ne sont là que des ennemis passagers & de circonstance que le temps, l'instruction, de bonnes institutions, & une amélioration successive dans la chose publique, rameneront & guériront insensiblement. Elle a contre elle les armées des puissances coalisées; mais ce n'est là qu'un foible danger dont le courage de nos guerriers nous garantira facilement. Elle a contre elle aussi beaucoup de plébéiens; mais la plupart ne sont qu'ignorans & égarés: il suffira de les éclairer, & de leur faire sentir que, sans le savoir, ils agissent contre leur propre intérêt, & bientôt on les verra se rallier au drapeau républicain. Quant aux vils suppôts, aux bas valets de la tyrannie royale & nobiliaire, qui, pour la servir, n'ont pas rougi de trahir la cause nationale, ce sera déja faire beaucoup contre eux que de porter la lumière sur l'excès de leur dégradation, & de mettre leur infamie en évidence. Nous saurons d'ailleurs les atteindre par de justes punitions; & si tout cela ne suffit pas, nous finirons par leur donner des titres de noblesse, & les traiter comme les esclaves du roi de Blanckembourg.

Mais quels sont les ennemis éternels, irréconciliables de la République, ceux qui voudront toujours la détruire, & qui, dans tous les temps, auront le plus de moyens pour en venir à bout? ce sont les individus de la caste nobiliaire. Pour se pénétrer de cette vérité, & agir en conséquence, il n'est pas nécessaire de se livrer contre eux à une indignation qui ne seroit que trop juste; il ne faut pas se guinder l'imagination & se la remplir de fantômes: il suffit d'ouvrir les yeux, de consulter le simple bon sens, & de ne pas manquer tout-à-fait de prévoyance & de courage.

D'abord il est plus clair que le jour que toute espèce de noblesse fondée sur des distinctions de naissance & de titres héréditaires est essentiellement incompatible avec la République.

Qu'est ce, en effet, que la *République* ou *la chose publique*?

c'est la chose de tous les citoyens, c'est le concours de toutes les volontés, de tous les intérêts, de tous les droits à une volonté, à un intérêt, à un droit commun & souverain. La République est donc essentiellement fondée sur la souveraineté du peuple, sur la loi ou la volonté générale, sur la liberté ou l'indépendance naturelle, restreinte uniquement par la loi, enfin sur l'égalité, tant absolue que proportionnelle, des droits. Or ces principes sont évidemment inconciliables avec toute idée de noblesse ou de prérogative fondées sur des distinctions de naissance & de titres héréditaires. Donc toute prérogative, toute noblesse de ce genre, est essentiellement incompatible avec la République. Ces deux choses étant exclusives l'une de l'autre, ne peuvent pas être combinées dans le même plan, & résider sur la même assiette. En vain, diroit-on, que dans quelques états, soit anciens, soit modernes, cette combinaison politique a eu lieu, & qu'ainsi elle n'est ni impossible ni par conséquent improposable : nous répondrions d'abord que la noblesse de ces états étoit bien différente de celle qui existoit dans l'ancien régime; en second lieu, nous dirions que cette combinaison monstrueuse & forcée fut toujours, dans ces états, une source de divisions funestes, & qu'après une lutte continuelle & plus ou moins longue entre la République & la noblesse, il a toujours fallu que l'une cédât la place à l'autre, & disparût devant elle. Nous pourrions ajouter que, pour mieux tromper le peuple, il est souvent arrivé que la noblesse, en détruisant la République, en a conservé le nom, couvrant de ce beau nom une odieuse oligarchie. Telle étoit la république de Venise, telle étoit celle de Gênes, telles sont celles de plusieurs autres états qu'il est inutile de nommer. Ces prétendues républiques sont aussi différentes de la vraie république, que le fantôme l'est de la réalité. De cette manière aussi, l'ancien régime étoit républicain, & certes il s'est trouvé des hommes assez, ou ignorans ou lâches, pour lui donner ce nom.

Voilà ce qui résulte de l'histoire & de l'observation ; en sorte qu'ici l'expérience est d'accord avec la théorie pour démontrer l'incompatibilité absolue qui existe entre la noblesse & la République.

Cette première vérité bien établie nous conduit à une seconde, qui n'en est que la conséquence naturelle ; c'est que depuis l'établissement des premières bases de la Républiques, il a dû exister, & que, dans le fait, il a existé & qu'il existe encore de la part des ci-devant nobles & anoblis une guerre tant extérieure qu'intérieure, tendante à faire périr la République & les républicains.

Nous disons d'abord que cette guerre doit exister, &, pour le prouver, nous invoquons la connoissance du cœur humain. Quel est le grand mobile des actions humaines ? c'est l'intérêt, c'est l'amour du pouvoir. Cette tendance de l'homme, fondée sur l'amour de soi, sur le desir de son bien-être, est éternelle, indestructible ; c'est le ressort de la nature humaine, c'est celui des sociétés politiques. Si le législateur cherchoit à le comprimer, il agiroit contre le bon sens, contre l'intérêt public. Il faut, au contraire, qu'il s'étudie à le développer, à le fortifier, mais en régularisant son mouvement, en lui donnant une direction qui non-seulement ne soit pas nuisible, mais qui soit utile à la société. Or, pour y réussir, il faut qu'il s'empare de l'homme à son berceau ; il faut qu'il préside aux premiers développemens de son ame & à la formation de ses habitudes. Si elles se forment sans lui, & que le systême en soit contraire à ses vues, il ne faut pas qu'il compte jamais sur cet homme pour leur succès ; ou plutôt il doit s'attendre à trouver de sa part une opposition constante, & dans ce cas, il faut que le législateur cède à cet homme, ou que cet homme cède au législateur : voilà le cœur humain, voilà sa nature invariable.

Or, dans l'ancien régime, les nobles jouissoient de tout ; ils en jouissoient exclusivement par le droit de leur naissance & de leurs titres. Cette possession exclusive & héréditaire étoit regardée comme un droit, un privilége incontestable; elle étoit pour eux une habitude dominante, un besoin essentiel; elle les avoit accoutumés à se croire d'une nature supérieure au reste des hommes.

Or la révolution a détruit les distinctions de naissance & de titres héréditaires; elle a détruit la noblesse, elle a fondé la République.

Mais, en détruisant la noblesse, a-t-elle changé le cœur des nobles? a-t-elle extirpé de leur ame ce système si fortement lié, si profondément enraciné de préjugés, de prétentions & d'orgueil, qui les portoit à se regarder comme étant paitris d'un autre limon que le nôtre, comme formant une classe extraordinaire, destinée par sa nature à jouir exclusivement du pouvoir & des grandeurs de la terre? Non, la révolution n'a pas opéré ce miracle : bien qu'elle en ait fait beaucoup, elle ne pouvoit pas faire celui-là.

Il est vrai que dans cette classe il s'est rencontré quelques hommes qui ont épousé de bonne foi la cause républicaine, & l'ont défendue constamment. Il en est qui lui ont rendu & qui lui rendent encore des services immortels. Mais ces hommes étoient républicains avant la formation de la République : c'étoient des ames assez généreuses, assez fières, assez nourries de raison & de vraie grandeur, pour dédaigner les distinctions de naissance & de titres, vains appuis de la bassesse orgueilleuse. Ils ne sont plus, ils n'ont jamais été de la caste des nobles : aussi ceux-ci ne les reconnoissent plus pour tels; il ne voient plus en eux que des nobles dégradés, que des citoyens, des républicains, & en cela nous serons d'accord avec eux.

Aussi ne parlons-nous ici que des nobles fidèles, des véritables nobles; & nous disons que cette caste ayant été dépouillée de ses priviléges, de tout ce qui composoit son existence morale, & en ayant été dépouillée par la République, loin d'aimer cette République, loin même de ne la voir qu'avec indifférence, doit la détester, doit en détester les fondateurs & les partisans, & par conséquent tendre sans cesse à la destruction de l'une & à l'extermination des autres : voilà, dis-je, ce que nous affirmons, & nous ne craignons pas de nous tromper, ayant pour nous la connoissance du cœur humain.

Mais, à l'appui de cette preuve morale, qui n'est suffisante que pour ceux qui sont versés dans la théorie des volontés & des actions humaines, nous ajouterons, pour la conviction des autres hommes, la preuve résultante d'une série de faits connus & incontestables ; & sans nous jeter dans l'histoire des autres révolutions, nous nous bornerons à ce qui est particulier à la nôtre.

D'abord, il est notoire que dès avant la formation des états-généraux & dans les assemblées qui la préparèrent, la noblesse manifesta l'intention de conserver ses privilèges. Dès l'ouverture de cette assemblée, elle voulut délibérer à part, & comme un ordre distinct & supérieur. Voyant que les députés du tiers vouloient fondre tous les ordres dans l'unité nationale, elle employa, de concert avec la cour, tous les moyens de force & de séduction pour anéantir l'assemblée. Vaincue par le parti populaire, & obligée d'accéder à la réunion, elle chercha d'abord à la rompre en se reproduisant dans l'établissement d'une chambre haute. Trompée dans cet espoir, & voyant l'assemblée détruire pièce à pièce le despotisme royal & nobiliaire, elle s'agita dans tous les sens au dedans & au dehors de cette assemblée, tantôt par une résistance ouverte, tantôt par des concessions perfides, & toujours en répandant par-tout les élémens des agitations & des discordes civiles. Bientôt une partie de cette noblesse, ayant à sa tête des membres de la famille royale, porta chez l'étranger son esprit de fureur & de vengeance, appelant la guerre à grands cris contre la France. Dès ce moment les efforts de ces émigrés se combinèrent avec ceux des nobles de l'intérieur, & le parti national fut enveloppé, de tous côtés, de piéges, de perfidies & d'attaques. Rien n'empêcha l'Assemblée constituante de marcher à grands pas dans sa carrière : déja elle touchoit au terme de sa course, quand tout-à-coup le roi, ce roi dont elle avoit voulu asseoir l'autorité sur des bases constitutionnelles, disparut & s'enfuit courant se jeter dans les bras des émigrés pour rallier à lui tous les mécontens, & reconquérir la noblesse & la monarchie féodales. Cet attentat fut déjoué, & la nation fut assez généreuse non-seulement pour pardonner au roi, mais pour lui rendre le trône constitutionnel. Enfin la constitution acceptée & proclamée, l'Assemblée publia une amnistie, rappela les émigrés, invita tous les Français à l'oubli des injures, leur offrant également à tous le repos & le bonheur sous l'égide de la constitution & des lois.

Cette invitation paternelle & touchante qui n'étoit que le vœu exprimé de la nation, comment fut-elle reçue par les nobles ? avec mépris, avec indignation. Aucun émigré ne rentra, & jamais l'émigration ne fut si nombreuse qu'à cette époque. Bientôt les émigrés, formés en corps d'armée, vinrent, jusque sur nos frontières, présenter un front menaçant. L'assemblée législative les invita de nouveau à rentrer, & leur prescrivit un délai. Enfin, après avoir tout employé, tant auprès d'eux qu'auprès des puissances étrangères, elle fut forcée de déclarer la guerre, comme le seul moyen d'assurer l'indépendance & la liberté nationale.

Ainsi les nobles doivent être considérés comme les provocateurs de la guerre étrangère. Ils ont toujours fait partie des armées ennemies, & aujourd'hui ils sont encore sous les armes. Mais ce n'est pas de ce côté que les nobles sont dangereux : jamais ils n'ont su défendre leur cause avec courage. Tous ces preux chevaliers si vains & si menaçans n'ont su que fuir & disparoître à la vue de nos soldats républicains.

Aussi depuis long-temps les nobles ont cessé de compter sur les succès de la guerre extérieure : c'est dans la guerre intérieure, tant ouverte que cachée, qu'ils ont mis leur principale espérance ; & quel torrent de calamités de toute espèce n'ont-ils pas répandu sur nous ! Sans parler ici de toutes les révoltes partielles qui ont éclaté en différens temps dans les diverses parties de la France, cette guerre, cette horrible guerre de la Vendée n'est-elle pas leur ouvrage ? Nous savons que les prêtres y ont aussi concouru; mais, à cet égard, nous ferons une observation générale & décisive: c'est que le haut clergé étoit composé de nobles, & que les prêtres du bas clergé, qui n'étoient pas nés dans cette caste, & qui ont pris parti contre la révolution, n'ont été pour la plupart que les instrumens & les victimes de la noblesse. Il faut considérer le despotisme royal, le despotisme nobiliaire, le despotisme papal, qui en France résidoit dans le haut clergé, comme trois monstres qui s'étant long-temps disputés entre eux à qui auroit seul le droit de dévorer le peuple, avoient fini par combiner leur fureur & leurs forces pour mieux assurer leur proie & la dévorer également.

Ainsi tous ces refus de serment, de déclarations, qui ont eu la religion pour prétexte, n'ont été & ne sont encore que des brandons de discorde jetés dans le peuple par les nobles pour le diviser, le déchirer & le replonger ensuite dans l'esclavage & la stupidité.

Au reste, sans nous arrêter encore dans ce moment à la nature des moyens employés par les nobles pour assurer le succès de la guerre intérieure qu'ils font à la République, nous disons d'abord que cette guerre existe & qu'elle est organisée d'un bout de la France à l'autre. C'est une vérité qui n'est ignorée que par les aveugles, & niée que par la mauvaise foi. Les nobles de l'intérieur s'entendent avec ceux de l'extérieur; les plans, les moyens, tout est combiné dans un foyer commun, la cour du prétendant. Les rôles sont distribués; les places, les récompenses, tout est assigné d'avance; en un mot le royaume existe au milieu de nous; il est dans la République, & souvent il gouverne la France beaucoup plus que le gouvernement républicain: c'est du moins ce qui avoit lieu avant le 18 fructidor.

Or, que les nobles soient les chefs de cette conspiration, qui pourroit en douter ? au profit de qui se trame-t-elle ? n'est ce pas au profit des nobles ? Si elle réussissoit, qui prendroit la place de la République? n'est-ce pas l'oligarchie nobiliaire? Donc ils sont les auteurs, les directeurs & les principaux chefs de cette guerre intérieure.

Oui, dira-t-on, la conspiration existe; les nobles en sont les agens principaux; ils voudroient évidemment renverser la République & rétablir leur tyrannie: nous en convenons; mais le peuvent-ils? mais cette volonté de leur part n'est-elle pas insensée? la conspiration n'est-elle pas absurde, & doit-on s'en inquiéter?

Nous répondrons que, si la conspiration n'étoit pas dangereuse, il faudroit la mépriser; mais nous soutenons qu'elle est infiniment dangereuse. Nous pourrions le prouver par ce qui a eu lieu dans plusieurs états, & sur-tout par l'exemple de l'Angleterre; mais nous nous renfermons encore dans ce qui nous est particulier.

A la vérité, les nobles ne forment à l'égard de la nation qu'une très-petite minorité; mais cette minorité est liée par l'unité d'intérêt & dirigée vers le même but par l'unité de plan & l'ensemble des moyens: cette minorité, entraînée par tout ce qu'il y a de plus fort & de plus impérissable dans le cœur humain, est d'une opiniâtreté que les humiliations & les défaites ne font que rendre plus furieuse & plus active. Or l'expérience a prouvé que des minorités de ce genre étoient infiniment à craindre & qu'elles finissoient presque toujours par donner la loi à la majorité.

En effet, celle-ci, par cela seul qu'elle est la majorité, est beaucoup moins attentive & moins unie. Elle se confie trop à sa force; elle s'endort imprudemment dans la sécurité; ses chefs se divisent, elle se partage entre eux, elle se déchire; &, dans cette situation, l'ennemi commun qu'elle méprise & qu'elle perd de vue, se couvrant du masque de la résignation & de l'hypocrisie, observe ses divisions; il en sème lui-même, il les attise, les enflamme: tantôt se jetant dans un parti, & tantôt dans un autre, il les met sans cesse aux prises; il les affoiblit mutuellement, il les fatigue, il les dompte, & finit par s'ériger en maître sur leurs debris. Telle est en général l'histoire des minorités adroites & infatigables. Combien d'exemples ne pourrions-nous pas en citer, & sans sortir de notre révolution !

Ainsi, sous ce premier point de vue, la conspiration des nobles est déja très-redoutable. Mais combien n'a-t-elle pas de moyens à sa disposition, & au-dehors & au-dedans ! Au-dehors, elle tient à une corporation puissante, maîtresse de l'Europe, gouvernant & les rois & les peuples. Au-dedans, elle a d'abord la fortune. Les nobles sont en général plus riches que les plébéiens; & il y a parmi eux beaucoup de familles opulentes. Or tout leur superflu, elles l'emploient à se faire des partisans. Aucun genre de corruption direct ou détourné, adroit ou grossier, ne pese à leur délicatesse. Et d'ailleurs à combien d'autres usages l'argent n'est-il pas nécessaire dans les guerres intestines autant que dans les guerres extérieures ?

En second lieu, les nobles (& ici nous n'entendons parler que de ceux qui occupoient les premiers rangs dans la noblesse), les nobles ont encore en leur faveur une sorte de prestige qui en impose au vulgaire. Ils étoient tout dans l'ancien régime, réunissant l'ancienneté de la race, la prééminence des distinctions, l'étendue du crédit, la grandeur de la fortune; ils étoient aux yeux des autres hommes des espèces de divinités auxquelles ceux-ci adressoient leurs vœux & leurs hommages. Or, pour peu que l'on soit ignorant, pour peu que l'on soit foible, on ne se défend pas encore de ce reste de vénération. Quand un de ces ci-devant nobles paroît au milieu de la foule, il n'y est pas encore regardé comme un homme ordinaire; il n'y est pas apprécié à sa juste valeur. Ajoutez à cela que, dans l'intérieur de leurs maisons, & par-tout où ils se trouvent, quand ils croient pouvoir le faire impunément, ils ont grand soin de conserver le ton, les manières, les qualités, les prétentions, toutes les étiquettes de leur ci-devant grandeur;

grandeur ; & combien d'imbécilles, combien de lâches ne se laissent pas prendre à tout cela !

Ce n'est pas tout : élevés dans les préjugés & les habitudes de la monarchie, beaucoup de gens ont peine à arranger dans leur tête les idées républicaines, & conservent des dispotions plus ou moins fortes au retour de l'ancien régime. Or les nobles savent à merveille s'emparer de ces dispositions & les diriger à leurs vues. Ceux dont l'opinion se rapproche de la leur, ils les encouragent & les fortifient. A ceux qui paroissent incertains, chancelans, ils peignent la République comme une chimère extravagante & impossible à réaliser jamais dans un état tel que la France ; ils les détachent insensiblement de cette cause & les ramènent à celle de la monarchie. A ceux qui ont dans la tête quelques idées libérales, mais peu de prévoyance, ils font entendre qu'il n'est pas question de rétablir une royauté illimitée & despotique, mais simplement un roi dont le pouvoir soit limité par une bonne constitution. Rencontrent-ils des hommes ambitieux, mais mécontens, ils leur promettent, ils leur font même, quand il le faut, expédier par la cour de Blanckembourg des brevets, des titres, & font briller à leurs yeux les distinctions & les récompenses. Trouvent-ils au contraire des esprits indisposés, rebelles ? ils ont recours à toutes les souplesses, à toutes les ruses. En trouvent-ils de fiers, d'inflexibles, ils paroissent soumis, dévoués, & enfin, quand il le faut, ils se montrent les plus vils & les plus rampans de tous les hommes. C'est ainsi que, prenant tous les masques, & parlant à chacun le langage qui lui convient, ils grossissent sans cesse le nombre de leuts partisans, & diminuent celui de leurs ennemis.

Mais nous n'avons pas présenté encore leurs principaux moyens. Ils consistent dans le parti qu'ils savent tirer des maux que la révolution a occasionnés, des crimes qu'elle a fait commettre, de la lassitude & de l'affaissement qu'elle a produits dans un grand nombre d'esprits. Ces maux &

ces crimes sont principalement leur ouvrage. Ils sont le produit des divisions qu'ils ont excitées ou aigries parmi nous, de la guerre qu'ils ont allumée & qu'ils soufflent encore au-dedans & au-dehors; & ils se servent de leur funeste résultat pour en amener un plus funeste encore.

En effet, ces maux & ces crimes, à qui les attribuent-ils? à la République, aux républicains. Ah! voilà de leur part le comble de la perfidie & de la scélératesse. Ils se présentent sans cesse aux yeux des mécontens comme les réparateurs de leurs maux; ils ont toujours dans la bouche les noms de justice & d'humanité. Mais pour peu qu'on les examine & qu'on les presse de s'expliquer, il est aisé d'appercevoir que pour eux la justice n'est que le renversement de la République, le dépouillement des acquéreurs de biens nationaux, & par conséquent le rétablissement de la noblesse & de la monarchie féodales; qu'à leurs yeux l'humanité est non-seulement le retour des prêtres, des émigrés, mais la proscription de tous les républicains. Oui, malgré tous les détours de leur hypocrisie, on voit clairement qu'ils n'ont que la vengeance & la rage dans le cœur en prononçant sans cesse ces beaux noms de justice & d'humanité.

La guerre intérieure que nous font les nobles est donc aussi réelle que celle qu'ils nous font à l'extérieur; mais elle est beaucoup plus funeste & plus odieuse. Celle de l'extérieur est du moins franche & ouverte; mais celle de l'intérieur n'est presque jamais qu'une guerre d'hypocrisie, de lâcheté & de corruption. Jamais les nobles ne s'y mettent en avant, jamais ils ne prennent sur eux le danger; mais (ô comble d'horreur!) ce sont toujours des hommes du peuple qui sont poussés par eux, & qui, souvent, sans le savoir, deviennent leurs instrumens & leurs victimes. Oui, voilà ce qui doit sur-tout nous révolter. Jusqu'à présent les malheureux plébéiens se sont divisés entre eux presque toujours à l'instigation secrète des nobles; ils se sont tourmentés, ils se sont souvent envoyés à l'échafaud, & pour qui ? quels sont ceux qui à la fin s'éleveroient sur leur ruine commune ? quels sont ceux qui, après avoir dévoré tout ce qu'il y de courage, de mérite & de vertu dans la masse du peuple, rétabliroient le trône & les droits de la naissance & des titres héréditaires ? Ne sont-ce pas ceux qui en jouissoient auparavant ? Ceux qui réclament cette jouissance au nom de la justice & de l'humanité, n'est-ce pas la famille royale, n'est-ce pas la caste des nobles ? O plébéiens, & vous sur-tout, fondateurs, amis déclarés de la liberté, vous tous qui, d'une manière plus ou moins directe, plus ou moins utile, avez concouru à son établissement, soit avant, soit depuis la révolution, réunissez-vous enfin contre l'ennemi commun; nettoyez, consolidez le sol de la République, & puis de concert attachez-vous à y fixer la vraie liberté, à y faire éclore les talens, les vertus & le bonheur.

Commençons donc par affermir notre conquête : cherchons, examinons quels sont, pour cela, les moyens les plus propres & les plus convenables. Partons d'abord des données que nous venons d'établir. Notre conquête est la République; c'est la souveraineté du peuple reconnue & proclamée, c'est la liberté, c'est l'égalité des droits. Et sur qui cette conquête a-t-elle été faite ? Sur les priviléges exclusifs qui pesoient sur nos personnes & nos biens; sur les distinctions de naissance & de titres héréditaires; sur le droit prétendu de nous gouverner, usurpé & possédé depuis des siècles, comme une propriété particulière, par une famille & une caste privilégiée, en un mot sur la famille royale & les nobles.

Notre conquête est légitime, puisque nous avons pour nous la presque totalité du nombre, la totalité du travail & de l'industrie, avec l'immense supériorité du courage, des lumières & des vertus.

Notre conquête est légitime : car la république est toujours de droit, & la tyrannie n'est jamais que de fait.

Donc tous les moyens néceſſaires pour aſſurer cette conquête ſont légitimes auſſi.

Or quel eſt le premier de tous, celui qui doit ſuivre immédiatement la conquête ? C'eſt de la mettre à l'abri des attaques que peuvent lui porter ſes ennemis : & quels ſont ſes ennemis ? Ce ſont ceux ſur qui la conquête a été faite, & dont la volonté conſtante eſt de la détruire, ou au moins de la troubler par tous les moyens poſſibles.

Notre premier ſoin doit donc être ici de dégager notre conquête de la malveillance & des entrepriſes des nobles, qui ſont évidemment ſes irréconciliables ennemis.

Or, le moyen de l'en dégager, eſt-il de leur en confier la manutention & le dépôt ? non aſſurément : c'eſt au contraire celui de la détruire. C'eſt cependant ce qui a été fait juſqu'à préſent. Loin d'être exclus des avantages de la conquête & de la participation aux droits qui en réſultent, ils y ont été admis comme la partie conquérante. Que l'on ait eu d'abord cet excès de généroſité ; que l'on ait compté ſur la réſignation, ſur les proteſtations des vaincus ; qu'oubliant de les conſidérer comme tels, on les ait traités, accueillis comme des égaux, des concitoyens, des frères, à la bonne heure. Mais maintenant qu'il eſt démontré que loin d'être ſenſibles à nos bienfaits, ils ne les ont acceptés que pour les tourner contre nous : que, loin de ſe plaire à l'égalité, ils ne cherchent qu'à rétablir leurs priviléges ; qu'au lieu de chérir le titre de citoyen, ils l'ont conſtamment repouſſé, avili ; & qu'enfin, loin de conſentir à ſe regarder avec nous comme les membres d'une même famille, ils veulent abſolument redevenir nos maîtres : dès-lors ils doivent être exclus de la famille & conſidérés comme étrangers.

La privation des avantages de la conquête eſt donc ici la première précaution à prendre contre le parti conquis. Ainſi les nobles doivent être exclus de toute participation aux droits politiques de la cité : premier moyen de conſervation.

Mais si, dans ce même parti, il est des hommes qui non-seulement soient ennemis de la conquête, mais ennemis dangereux, ennemis capables de la renverser, ou au moins de la mettre sans cesse en question, & de forcer le parti vainqueur à recourir souvent aux moyens extraordinaires qui lui ont valu la victoire; si la présence seule de ces hommes sur le sol que la conquête a rendu libre, le menace sans cesse d'une nouvelle servitude; si elle y réchauffe les anciens germes de la corruption; si elle y sème; si elle y nourrit toutes les semences de discordes qui peuvent en faire, pour les vainqueurs eux-mêmes, une terre de malheur & de destruction : dans ce cas, n'est-il pas évident qu'il faut se délivrer de la présence de ces hommes? Or comment s'en défaire? Il n'y a que deux moyens : les exterminer, ou les expulser. Faut-il les exterminer? Non; ils nous extermineroient, eux, s'ils étoient les maîtres : nous sommes leurs vainqueurs, nous ne voulons que les expulser. Ce moyen est suffisant; il est le seul que l'humanité puisse avouer; c'est le seul qui nous convienne.

Voilà, citoyens représentans, les deux grandes mesures que nous vous proposons contre les ci-devant nobles : l'expulsion du territoire pour les uns, la privation des droits de cité pour les autres.

Mais comment appliquer ces deux mesures? comment, voulant faire deux classes des nobles, [illegible]ablir entr'elles la ligne de démarcation? Pourquoi même cette différence entre eux? & ne devroit-on pas les placer tous sur la même ligne?

A cela nous répondrons d'abord que si on les jugeoit tous sur leur mauvaise volonté, sur leur aversion pour le régime de l'égalité, il faudroit les confondre tous dans la même mesure. Mais nous avons cru devoir distinguer les plus dangereux de ceux qui le sont moins, les chefs du parti de ceux qui n'en forment que le troupeau.

Or quels sont les chefs, & quel est le troupeau? Les chefs sont évidemment dans la haute noblesse, la noblesse de cour, la noblesse titrée, la noblesse féodale, dans celle qui occupoit les places supérieures, soit civiles, soit militaires. Ce sont eux qui gagneroient le plus à la contre-révolution; & qui, par conséquent, ont le plus d'intérêt à la faire; ce sont ceux aussi qui, pour y réussir, ont le plus de moyens & de ressources de tout genre : ce sont donc les plus dangereux, ce sont donc eux qu'il faut expulser. Contre les autres, la privation des droits de cité suffit.

Mais en prenant ces deux mesures, nous avons cru qu'on devoit les adoucir par tous les moyens de justice & d'humanité que la politique pouvoit autoriser.

Ainsi, en expulsant la haute noblesse, nous ne confisquons pas ses biens : à la vérité, nous croyons qu'il faut les faire vendre, mais le prix doit leur en être donné. Nous n'y mettons que deux conditions : la première, que ce prix sera converti en marchandises de fabrique française; la seconde, que sur ce prix il sera retenu une indemnité pour les frais de la guerre.

La première est nécessaire pour ne pas appauvrir la France de numéraire. La seconde est d'une justice évidente, puisque les nobles sont les auteurs de la guerre, de cette guerre qui n'a été entreprise & ne se continue que pour savoir si les privilèges héréditaires l'emporteront sur l'égalité des droits, la noblesse sur le peuple, la République sur la tyrannie.

Quant aux autres nobles que nous nous bornons à exclure des droits de cité, en les privant de la qualité de citoyen, ou, pour mieux dire, en déclarant qu'ils ne l'ont point acquise, nous déclarons en même temps qu'ils peuvent l'acquérir en remplissant les conditions prescrites par l'article 10 de la constitution. Seulement nous avons cru qu'il convenoit d'y en ajouter une, qui ne sera pas particulière aux nobles, mais à tout étranger demandant à devenir citoyen français, à tous les jeunes gens se faisant inscrire sur le registre civique. Cette condition consiste dans une déclaration que nous avons crue digne de tout être pensant & libre.

Qu'opposera-t-on à ces mesures? Est-ce la constitution?

D'abord nous pourrions répondre par ce qui a déja été allégué à cette tribune par plusieurs orateurs, que les nobles, faisant partie d'une corporation étrangère qui n'est fondée que sur des distinctions de naissance, ne doivent pas être regardés comme citoyens français; & certes cette corporation qui couvre toute l'Europe, n'est que trop réelle; il n'est que trop évident que les nobles de tous les pays sont affiliés entre eux par la similitude & l'accord des préjugés, des prétentions & des intérêts. Il n'est que trop évident que les nobles français ne reconnoissent de pairs que parmi eux & les nobles étrangers; qu'ils ne voient dans l'abolition constitutionnelle de leurs titres qu'un acte de violence & non de justice, qu'un fait & non un droit. Qu'ainsi, jamais ils n'ont donné à la loi qui a supprimé ces titres, à la constitution qui les méconnoît & les rejette, ce consentement volontaire, cette acceptation morale qui seule peut valider un engagement, que par conséquent ne se croyant pas liés par cette constitution qu'ils ne manqueroient pas de fouler aux pieds, s'ils se croyoient assez forts pour le faire impunément, il y auroit de la folie à leur en appliquer les dispositions bienfaisantes, dont ils ne se serviroient que pour mieux la détruire.

Voilà, dis-je, ce que nous pourrions répondre; mais nous nous contenterons de nous renfermer dans les vérités décisives que nous croyons avoir démontrées : nous dirons à ceux qui voudroient combattre les mesures que nous proposons: Vous êtes de bonne foi, vous voulez la République, vous voulez donc aussi ce qui est nécessaire pour la consolider. Or pouvez-vous nier que la noblesse ne soit incompatible avec la République? Pouvez-vous nier que les nobles ne détestent la République, & ne la fissent périr, si cela étoit en leur pouvoir? Pouvez-vous nier que, s'ils étoient en possession des fonctions publiques, cette possession ne fût entre leurs mains le moyen le plus facile & le plus sûr de consommer leur projet de destruction? Pouvez-vous nier que la présence seule au milieu de nous de ceux de ces nobles qui réunissent tous les moyens de corrompre & de nuire, ne soit infiniment dangereuse? Pouvez-vous nier que s'ils parvenoient une fois à redevenir les maîtres, ils n'exterminassent tous les républicains, & n'étouffassent jusque dans leur source tous les germes de courage, de vertu, de raison qui par degré ont produit le desir, l'amour, & enfin le triomphe de la liberté? Si vous êtes forcés de convenir de tout cela; si d'ailleurs vous voulez la République, il faut donc consentir à expulser de son sol les nobles les plus dangereux, & à écarter les autres de l'exercice de toute fonction publique.

Quoi! vous voulez leur appliquer la constitution! Ah! ce n'est pas seulement de cette constitution qu'ils sont les ennemis; ils l'étoient également de celle de 1791, bien qu'elle admît un roi. Ce qu'ils haïssent essentiellement, ce qu'ils veulent détruire, c'est la République, c'est la souveraineté du peuple, c'est l'égalité des droits. Vous changeriez encore de constitution, vous en feriez des milliers, qu'ils voudroient les renverser également toutes, si toutes étoient fondées sur ces bases républicaines. Il faut donc renoncer absolument à la République & rétablir la noblesse, ou prendre contre les nobles les mesures que nous vous indiquons: il n'y a pas de milieu; il faut choisir.

Mais pourquoi des mesures générales? pourquoi des proscriptions en masse?

A cela nous répondrons d'abord que, dans un cas comme celui-ci, on ne peut agir que par une mesure générale. S'agit-il, en effet, d'une contestation entre particuliers, d'un délit individuel contre la société? non: il s'agit d'une classe d'hommes distincte & séparée du reste de la société par ses préjugés, ses prétentions & son intérêt; d'une caste qui étoit privilégiée, & qui veut l'être encore, qui, comme telle, nous dominoit; qui, comme telle, veut nous dominer encore; d'un ennemi commun, sur lequel nous avons repris nos droits naturels & imprescriptibles, & qui, loin de nous en laisser la jouissance, voudroit nous la ravir encore ; ou du moins la troubler, l'empoisonner sans cesse.

Or, d'après cela, ne seroit-il pas absurde de faire à chaque individu un procès particulier? Est-il question ici de justice distributive? non : cette sorte de justice n'a lieu qu'entre des individus volontairement & paisiblemment soumis au même pacte social, aux mêmes lois, aux mêmes magistrats. Mais ici, c'est une classe d'hommes qui nous opprimoit en masse, &, que nous avons vaincu en masse; qui se regardent comme injustement dépouillée par notre conquête, par l'établissement qui l'a suivie, voudroit détruire cet établissement, & pour y réussir, nous combat encore en masse: c'est donc aussi en la repoussant en masse, en prenant contre elle des mesures générales, que nous devons consolider notre établissement.

En second lieu, pourquoi parler ici de proscriptions? on proscrit quand, abusant de sa force, on dépouille, on persécute injustement ; on proscrit quand, tenant sous sa main un ennemi vaincu, désarmé, soumis, & oubliant à son égard les droits de la nature & de l'humanité, on se livre contre lui à des vengeances, à des cruautés inutiles. Mais quand il s'agit d'un ennemi, qui, contre toute espèce de raison & de droit, nous tenoit sous le poids de l'opprobre & de la servitude ; d'un ennemi, au joug duquel nous nous sommes soustraits, & qui, loin de revenir envers nous à des sentimens de justice & d'humanité, nous attaque encore, nous tourmente sans cesse pour nous replonger dans notre ancien état, est-ce le proscrire que de l'empêcher de nous nuire? est-ce le proscrire que de se borner à prendre contre lui les mesures strictement nécessaires pour assurer la conquête de nos droits?

Ah! veut-on un exemple de proscription? il n'y a qu'à remonter à la conquête, & suivre la conduite de ceux que nos ci-devant nobles appellent leurs ancêtres. Nous jouissions paisiblement d'un sol dont la nature & le travail nous avoient rendus propriétaires. Des hordes de barbares arrivent, nous attaquent & deviennent nos vainqueurs. Que font-ils? au lieu de posséder avec nous une terre que nous aurions volontiers partagée avec eux ; au lieu d'établir un gouvernement & des lois convenables, ils nous dépouillent de nos biens, de notre liberté, de nos droits les plus chers ; ils nous réduisent à la plus humiliante servitude ; ils nous traitent comme des bêtes de somme ; &, pour mieux affermir leur odieuse tyrannie, ils éteignent par degré le flambeau des arts & des sciences ; ils établissent leur règne sur celui de l'ignorance & de la barbarie. Voilà comment nous avons été traités par eux pendant des siècles. C'est là de l'injustice & de l'inhumanité ; c'est là de la proscription & du brigandage.

Nous, redevenus libres, redevenus les vainqueurs de nos maîtres barbares, les avons-nous dépouillés de leurs biens & de leur liberté ? les avons-nous réduits à la servitude de la glèbe ? Certes, en cela, nous n'eussions fait que les assujettir à la peine du taillon. Mais non, nous avons voulu les associer à notre conquête, & les mettre à notre niveau ; nous avons épuisé envers eux tous les trésors de la confiance & de la générosité. Comment ont-ils reçu nos bienfaits ? avec mépris, ou dans le dessein perfide de les faire servir à notre destruction ; & aujourd'hui que leur conduite ingrate & lâche est bien dévoilée, que faisons-nous contre le plus grand nombre d'entre eux ? nous-nous bornons à ne pas les reconnoître pour citoyens, mais en leur laissant leur liberté, leurs biens, la jouissance de tous leurs droits civils. Nous faisons plus, nous les admettons à devenir citoyens, à partager un jour avec nous les prérogatives attachées à ce titre ; nous n'y mettons qu'une condition : c'est qu'ils nous prouvent enfin par leur conduite qu'ils ont renoncé à leurs prétentions exclusives & odieuses, & qu'enfin ils sont bien disposés à ne plus voir en nous que des égaux, que les membres d'une même famille.

Quant à ceux dont la présence au milieu de nous est évidemment trop dangereuse, nous leur disons : Puisqu'il existe entre vous & nous une telle incompatibilité de préjugés, d'intérêts, de caractère; qu'il est moralement impossible que nous vivions plus long-temps ensemble sans nous tourmenter sans cesse, sans finir peut-être par vous détruire ou être détruits par vous: eh bien! quittez cette terre qui nous appartient, non-seulement par le droit de premier occupant, par celui du nombre & de la force, par celui de la victoire, mais par le travail & l'industrie. Quittez-la, emmenez vos femmes, vos enfans; choisissez un pays qui vous sépare absolument de nous; appelez y les émigrés, les prêtres romains, Louis XVIII: nous vous ferons passer tout ce qui vous sera nécessaire pour vous y établir, & sans doute vous finirez par y être infiniment heureux.

Voilà ce que nous leur disons. Y a-t-il dans tout cela un esprit de passion, de vengeance? y a-t-il de la proscription, ou plutôt n'est-ce pas un divorce politique devenu nécessaire? n'est-ce pas le seul remède à une maladie incurable & contagieuse? n'est-ce pas une précaution salutaire & pour eux & pour nous?

Nous objectera-t-on qu'en les expulsant, c'est une perte pour la République. Ah certes! ce seroit-là une véritable plaisanterie! Veut-on un exemple d'une perte réelle en ce genre? c'est celui qui suivit la révocation de l'édit de Nantes; ouvrage d'un roi, d'une noblesse & d'un clergé despotes. Par l'effet de cette révocation, il sortit de France plus de soixante mille familles; & quelles familles! c'étoit une des portions les plus respectables de la nation par le travail, l'industrie & les mœurs.

Quel étoit leur crime? de vouloir adorer Dieu dans la pureté de leur conscience & de leur raison; de chérir, de réclamer la liberté des opinions religieuses. Ah! sans doute, c'étoit un véritable crime aux yeux de l'ancienne tyrannie, qui fut très-conséquente à elle-même en proscrivant cette foule de victimes innocentes. Mais cette proscription fut & sera toujours un attentat aux yeux de la philosophie & de l'intérêt public.

Ici, de qui s'agit-il? d'une espèce d'hommes essentiellement ennemie de la République. Nous les expulsons; en cela nous sommes aussi conséquens à nous-mêmes. Mais cette expulsion est-elle une perte pour la chose publique? oh! non assurément: car que perdons-nous? infiniment peu de mérite & de vertu, pas pour une obole de travail & d'industrie. Que gagnons-nous? L'exportation d'une énorme cargaison de vices de toute espèce, l'écoulement d'une masse épouvantable de corruption politique & morale. Voilà la vérité. Maintenant, nous le demandons, conviendroit-il à des hommes de bon sens, à des amis de leur patrie, à des républicains en un mot, de s'attendrir, de verser des larmes sur une pareille expulsion?

Citoyens représentans, il ne nous reste plus qu'à vous prévenir sur une idée que l'on a mise en avant & qui est fortement accueillie & soutenue par le parti des nobles. Depuis qu'ils savent qu'il est question de prendre contre eux des mesures vigoureuses, ils s'agitent, ils intriguent dans tous les sens. Ces hommes, aussi bas dans la mauvaise fortune qu'insolens dans la bonne, & comptant toujours sur le succès des séductions de tout genre qu'ils sont disposés à mettre en usage, craignant de ne pouvoir échapper à la loi, voudroient qu'on se bornât à les mettre sous la main du gouvernement, en lui laissant le pouvoir arbitraire de déporter ceux d'entre eux qui troubleroient l'ordre public.

Mais cette idée, spécieuse à certains égards; cette idée, qui a pu tromper un instant quelques hommes de bonne foi; cette idée ne peut pas soutenir l'attention réfléchie d'un républicain éclairé. D'abord elle seroit à peu près sans effet contre la noblesse: car, ainsi que nous l'avons déja souvent observé, soit lâcheté, soit perfidie, soit plutôt l'une & l'autre à-la-fois, ces hommes-là ne se mettent jamais en avant: c'est dans leurs conciliabules secrets qu'ils concertent leurs mesures; c'est par l'action souterraine & quelquefois imperceptible de tous les genres de corruption qu'ils les exécutent. S'agit-il d'un trait d'audace, d'un coup de main? ils se garderont bien de s'en charger; mais ils le feront faire par les malheureux plébéiens qu'ils auront égarés ou corrompus. Si la contre-revolution se faisoit, ce ne seroit assurément pas eux qui en auroient couru les dangers ; cachés & invisibles tant que la chose auroit paru douteuse, ils ne se présenteroient que pour en recueillir le succès ; & si les plébéiens qui l'auroient assuré avoient seulement l'air de vouloir le partager, ils deviendroient les premières victimes de l'orgueil & de l'ambition aussi lâche qu'exclusive des nobles.

Il est donc évident que ne vouloir frapper ici que ceux d'entre eux qui par des coups d'éclat, troubleroient l'ordre public, ce seroit manquer la mesure absolument.

D'ailleurs, toute mesure arbitraire confiée à des gouvernans est contraire aux principes de la République, & peut devenir d'un exemple funeste. Celle que l'on propose ne feroit qu'avilir le législateur & dépopulariser le gouvernement. Si les nobles la réclament, s'ils préfèrent la volonté particulière à la volonté générale, c'est que leurs ames sont pétries de manière qu'ils ne savent être que tyrans ou esclaves. Nous n'ignorons pas que si nous voulions être leurs maîtres, ils ramperoient à nos pieds jusqu'à ce qu'ils auroient trouvé l'occasion de nous abattre aux leurs : mais nous ne voulons ni tyranniser ni servir ; nous ne voulons d'autre maître que la loi, la loi, expression de la volonté réfléchie du peuple souverain ; la loi, fondée sur l'égalité des droits ; la loi, vrai principe, vrai gardien de la République : en un mot nous voulons être libres, & rien de plus.

Tel est, citoyens représentans, le résultat de nos sentimens & de nos réflexions. Voilà ce que nous avons cru devoir offrir à votre méditation. Nous ne craignons pas d'appeler l'examen le plus sévère sur les mesures que nous vous proposons. Sans doute nous ne voulons pas être jugés par la tourbe des hommes aveugles, foibles, lâches & corrompus ; mais tous ceux qui ont quelqu'étendue dans l'esprit, quelque fermeté dans le caractère, quelque vertu dans le cœur, de quelque état, de quelque pays qu'ils soient, à quelque époque qu'ils appartiennent du présent ou de l'avenir, nous les invitons également à réfléchir sur notre projet, en l'appréciant d'après les circonstances politiques & morales dans lesquelles nous nous trouvons.

Peuple français, c'est toi sur-tout que nous prenons pour témoin & pour juge; c'est ici ta cause, ta cause, fondée sur les droits éternels de la nature & de la société; ta cause, avilie & foulée aux pieds pendant tant de siècles par une caste insolente & barbare, qui te traitoit comme sa propriété, son instrument, son bétail; ta cause, reconquise sur tes oppresseurs, soutenue par tant de soins & de sacrifices, ennoblie par tant de victoires. Ah! tandis que tes guerriers la rendent si imposante & si respectable au dehors, tes ennemis du dedans s'étudient sans cesse à te la rendre odieuse & méprisable. Non-seulement ils se servent contre elle du reste de préjugés & de vices qu'ils avoient semés dans ton sein, & dont une partie de tes membres est encore imprégnée; non-seulement ils lui reprochent les malheurs & les crimes dont ils ont voulu la souiller, mais ils s'arment contre toi de tes propres vertus. Voyant que tu chérissois, que tu voulois la liberté, l'égalité, ils en ont d'abord emprunté le masque; &, couverts de ce masque imposteur, ils t'ont précipité dans les excès de la licence & de l'anarchie. Croyant ensuite qu'ils étoient parvenus à te faire confondre avec elle la liberté & l'égalité; persuadés que tu en étois fatigué, dégoûté, ils ont cherché à te séduire, à t'entraîner par le fantôme de la justice & de l'humanité, vertus également chères à ton cœur. Déja ils avoient réussi à te fasciner, à t'aveugler au point que, sans le 18 fructidor, tu allois tomber dans l'abyme creusé sous tes pas. Maintenant que ce masque leur est encore arraché, ils ne tarderoient pas à en trouver un nouveau qui te deviendroit peut-être plus funeste que les deux autres.

Peuple français, il est temps enfin de te délivrer de tes éternels ennemis. Tu veux la liberté, la gloire, le bonheur. Tu nous a chargés principalement de faire ce qu'il falloit pour te les assurer : c'est à nous à remplir un devoir si sublime.

Citoyens Représentans, voici le projet de résolution que votre commission m'a chargé de vous présenter, & dont tous les articles ont été arrêtés par elle à l'unanimité.

PROJET DE RÉSOLUTION.

Le Conseil des Cinq-Cents, considérant que toute espèce de noblesse fondée sur des distinctions de naissance & de titres héréditaires est essentiellement incompatible avec la République ;

Considérant que, depuis l'établissement des premières bases de la République, les ci-devant nobles & anoblis ont prouvé par leur conduite habituelle que loin de souscrire à l'abolition de leurs privilèges, ils étoient déterminés à tout entreprendre pour les ressaisir, & que de fait ils se sont mis, à l'égard du peuple, dans un état de guerre extérieure & intérieure, dont le but évident est l'anéantissement de la République & l'extermination des républicains ;

Qu'ainsi, pour consolider la République & sauver les républicains, il est nécessaire de prendre des mesures capables de faire cesser cet état de guerre, ou au moins d'en prévenir les funestes effets ;

Considérant que ces mesures sont commandées par le plus impérieux & le plus pressant de tous les besoins, pour les corps politiques comme pour les individus, celui de sa propre conservation ;

Considérant que sous tous les rapports il seroit aussi absurde que dangereux de regarder ces mesures comme contraires à un pacte fondamental que les ci-devant nobles & anoblis n'ont jamais cru obligatoire pour eux, & qu'ils n'ont paru embrasser quelquefois que comme un moyen plus facile de le détruire ;

Considérant enfin que ces mesures, étant des actes de justice nationale & de salut public, ne peuvent être prises que par les représentans de la nation,

Déclare qu'il y a urgence.

Le Conseil, après avoir déclaré l'urgence, prend la résolution suivante :

ARTICLE PREMIER.

Les ci-devant nobles & anoblis, sauf ceux désignés en l'article ci-après, ne sont pas citoyens français.

Ils ne peuvent le devenir qu'aux conditions & dans les délais prescrits à l'égard des étrangers par l'article 10 de la constitution.

II.

Tout individu qui demandera à devenir citoyen français, & les jeunes gens qui voudront prendre leur inscription sur le registre civique, feront préalablement, & signeront la déclaration suivante :

« Comme homme & comme républicain, je méprise » également & la superstition insolente qui prétend à des » distinctions de naissance, & la superstition lâche & » honteuse qui y croit & les supporte. Je sais qu'en de» venant citoyen français je m'engage à combattre de » toutes mes forces le retour en France de la royauté & » de toute autre espèce de pouvoir ou de privilège héré» ditaire. Je déclare que je veux tenir cet engagement ; je » le tiendrai. »

III.

Parmi les personnes ci-devant nobles ou anoblies, celles-là sont expulsées à perpétuité du sol de la République qui se trouvent comprises dans l'énumération suivante.

Les personnes qui ont fait partie de la maison du dernier roi, sans excepter sa maison militaire, soit avant, soit sous la constitution de 1791 ;

Celles qui ont fait partie des maisons de ses frères, y compris pareillement leurs maisons militaires ; de la maison

son de la reine, des maisons des autres membres de la ci-devant famille royale & des maisons des ci-devant princes & princesses du sang qui étoient vivans à l'époque du 10 août 1792;

Ceux des ci-devant nobles ou anoblis qui ont protesté contre le décret de l'abolition de la noblesse;

Les femmes des émigrés nobles ou anoblis, sans distinction de celles qui ont divorcé, si elles n'étoient pas remariées avant ce jour 25 vendémiaire.

Ceux qui, sous le dernier roi, ont occupé l'une ou l'autre des places, charges ou emplois suivans; savoir,

Ministre d'état, secrétaire d'état, directeur-général des finances, conseiller d'état, maître des requêtes, intendant d'une généralité, gouverneur ou lieutenant général de province, gouverneur ou commissaire-général dans les colonies, gouverneur ou lieutenant pour le roi des châteaux royaux de la Bastille ou de Vincennes, ambassadeur ou ministre du roi en pays étranger;

Pareillement tous ceux des nobles ou anoblis qui ont été membres du parlement de Paris, avec les seigneurs & pairs y ayant droit de séance, & les gens du roi;

Les présidens & procureurs-généraux des autres parlemens, du grand-conseil, conseils-supérieurs, chambres-des-comptes & cour-des-aides;

Les chevaliers & commandeurs des ordres du Saint-Esprit, de Malte & de Saint-Lazare;

Les grands-croix & commandeurs de l'ordre de Saint-Louis, & de celui dit du mérite militaire;

Les individus qui ont pris dans des actes publics les titres de prince, duc, marquis, baron, comte ou vicomte;

Enfin ceux des nobles ou anoblis qui, dans les départemens réunis, des Alpes maritimes, du Mont-Blanc, du Mont-Terrible, des Forêts, de Sambre-&-Meuse, de l'Ourthe, de la Lys, de l'Escaut, de la Dyle, de la Meuse-Inférieure, Jemmapp & des Deux-Nèthes, & dans l'ancien Comtat-Venaissin & d'Avignon, étoient employés comme agens & fonctionnaires par leurs anciens gouverneurs respectifs.

I V.

Les dispositions de la présente loi ne s'appliquent point à ceux des nobles ou anoblis qui ont émigré, les lois concernant les émigrés devant rester seules à leur égard dans toute leur vigueur.

V.

Les personnes expulsées sortiront de Paris sous cinq jours, du territoire français sous deux décades ; & faute d'obéir dans ces délais, ou si elles rentrent après avoir obéi, elles seront déportées au-delà des mers dans un lieu désigné par le Directoire.

V I.

Les déportés qui quittent le lieu désigné pour leur déportation sont regardés & traités comme émigrés.

V I I.

Les femmes, enfans & maris des personnes expulsées, ont la liberté de les suivre sans encourir la peine de l'émigration.

Ceux ou celles qui ne profiteront pas de cette liberté seront tenus, sous vingt jours, d'établir leur résidence à vingt lieues au moins de Paris & des frontières : faute de quoi ils seront eux-mêmes expulsés du sol français aux termes de la présente loi.

V I I I.

L'expulsion prononcée par l'article III ne frappera pas les individus qui ont atteint l'âge de soixante-six ans accomplis & au-dessus ; mais ils sont obligés de fixer leur résidence à vingt lieues au moins de Paris & des frontières ; & ce dans le délai de deux décades, sous peine d'être arrêtés & détenus dans une maison de réclusion.

IX.

Les immeubles réels & fictifs des expulsés seront vendus à la diligence d'un curateur national, concurremment avec un procureur fondé de leur part, s'il s'en présente un dans le délai des deux décades qui suivront la présente loi, faute de quoi ledit curateur national doit aller en avant. Le prix qui proviendra de la vente des débiteurs, déduction faite d'une indemnité pour les frais de la guerre, que la loi déterminera, sera converti en marchandises de fabrique française, dont l'expédition ne sera faite pour le compte des propriétaires que sur la preuve acquise de leur arrivée en pays étranger, & à la distance au moins de cinquante lieues des frontières de la République.

A compter de ce jour, 25 vendémiaire, lesdits biens demeurent sous la main de la nation.

Les autres ci-devant nobles ou anoblis non reconnus pour citoyens sont également sujets à une indemnité pour les frais de la guerre; leurs biens y demeurent hypothéqués aussi, à compter de ce jour.

X.

Ne sont point compris dans les articles premier & III ci-dessus, & sont citoyens sans aucune différence des autres citoyens français, les ci-devant nobles ou anoblis qui pourroient se trouver actuellement membres du Corps législatif, du Directoire exécutif, parmi les ministres & parmi les officiers-généraux, les chefs de brigade & chefs de bataillon en activité de service.

Les articles premier & III ne sont pas applicables non plus aux ci-devant nobles ou anoblis qui obtiendront leur inscription sur le registre civique, aux conditions & dans la forme prescrites ci-après.

XI.

Nul ci-devant noble ou anobli ne pourra réclamer son inscription sur le registre civique qu'en fournissant d'abord à l'adminiſtration de ſon département la preuve certaine qu'il eſt du nombre des Français qui ont contribué à conquérir la liberté, à fonder la République, à la défendre par leur courage, ou à la ſervir dans les fonctions militaires, politiques ou civiles, ſans néanmoins que le ſervice dans la garde nationale puiſſe être regardé comme ſervice militaire ; enfin qu'il eſt reſté conſtamment fidèle à la cauſe républicaine.

La ſuſdite réclamation doit être faite dans les dix jours de la publication de la préſente loi.

X I I.

La preuve ſuſdite, en ce qui concerne les défenſeurs de la patrie & autres individus employés aux armées, ſera vérifiée par les conſeils d'adminiſtration & le chef de l'état-major de la diviſion.

X I I I.

Les adminiſtrations de département ſont tenues de vérifier les preuves, de mettre au néant les réclamations qui ne ſeroient pas fondées formellement & réellement ſur les baſes énoncées dans l'article précédent, & de délivrer aux autres réclamans le certificat de vérification dans la décade de la demande ; au moyen de quoi, après le délai de deux décades, nulle réclamation ne ſera plus reçue par les adminiſtrations départementales, conſeils d'adminiſtration & chefs d'état-major de diviſion.

X I V.

Ceux dont les réclamations auront été reçues & vérifiées les enverront pour être admiſes, s'il y a lieu, au jury national créé par l'article ſuivant.

X V.

Il ſera nommé au Conſeil des Cinq-Cents & au ſcrutin, dix citoyens, ſur leſquels le Conſeil des Anciens en choiſira cinq pour compoſer ledit jury national.

Il eſt ſeul chargé de recevoir les réclamations vérifiées, de rejeter celles qu'il ne jugera pas ſuffiſamment fondées, & d'inſcrire ceux des réclamans qu'il aura admis, ſur le regiſtre civique.

X V I.

Ce regiſtre civique ſera rigoureuſement clos dans les trois mois à dater de la publication de la préſente loi, & ſoumis à l'approbation du Corps légiſlatif, qui ſeul peut l'arrêter définitivement ; après quoi, ledit jury national eſt & demeure diſſous.

X V I I.

Ceux des réclamans qui auront obtenu la vérification de leur adminiſtration départementale, ou de leur conſeil d'adminiſtration & chefs d'état-major de diviſion, ne pourront être inquiétés, ni pour la vente de leurs biens, ni pour l'éloignement de leur perſonne, juſqu'à ce qu'il ait été décidé ſur leur réclamation.

X V I I I.

Le jury national a le droit de demander tous les renſeignemens qu'il jugera néceſſaires, ſoit près de l'adminiſtration départementale, ſoit près des commiſſaires du Pouvoir exécutif, ſoit près du miniſtre de la police, ſoit près des chefs d'adminiſtration & des chefs d'état-major de diviſion.

X I X.

Le curateur national mentionné dans l'article XIX ſera nommé par le Conſeil des Anciens, ſur une liſte de deux citoyens propoſés par le Conſeil des Cinq-Cents.

X X.

Le Directoire fera tous règlemens néceſſaires pour la prompte exécution de la préſente loi.

www.ingramcontent.com/pod-product-compliance
Ingram Content Group UK Ltd.
Pitfield, Milton Keynes, MK11 3LW, UK
UKHW020418220726
13923UKWH00005B/2036